Ludwig Bussler

Methoden zur Förderung des musikalischen Talentes und

Vorstellungsvermögens

Ludwig Bussler

Methoden zur Förderung des musikalischen Talentes und Vorstellungsvermögens

ISBN/EAN: 9783743381001

Hergestellt in Europa, USA, Kanada, Australien, Japan

Cover: Foto ©Thomas Meinert / pixelio.de

Manufactured and distributed by brebook publishing software (www.brebook.com)

Ludwig Bussler

Methoden zur Förderung des musikalischen Talentes und Vorstellungsvermögens

Elementar-MELODIK

zur

Weckung und Förderung des musikalischen Talentes und Vorstellungsvermögens.

Sechsunddreissig Aufgaben

in

rein anschaulicher Darstellung

von

Ludwig Bussler.

Leipzig,

Druck und Verlag von Breitkopf und Härtel.

1879.

Vorwort.

Der Musikunterricht beschäftigt sich fast ausschliesslich mit der musikalischen Bildung, welche im Besitz gewisser Kenntnisse und Geschicklichkeiten besteht.

Das musikalische Talent wird dabei vorausgesetzt, aber, wenn es sich nicht in auffallender Weise geltend macht, wenig beachtet.

So kann es geschehen, — und zwar besonders im Klavier- und im rein theoretischen Unterricht — dass eine Fülle musikalischer Bildung an ein, kaum der Beachtung werthes Talent verschwendet wird, während eine erhebliche Begabung leer ausgeht, und ihrem Inhaber keine Früchte trägt.

Es gilt daher, eine Methode zu finden, welche, ohne die äusseren Schranken des gegenwärtigen Musikunterrichts zu durchbrechen, das Talent fast unmerklich nöthigt, sich zu zeigen, und welche die ersten Schritte desselben sorgsam, aber ohne Strenge lenkt.

Eine solche Methode legt der Verf. hier vor, nachdem sie sich bereits praktisch bewährt hat.

Die **Elementar-Melodik,** indem sie den Schüler auf den Pfad der selbständigen melodischen Production leitet, ist im höchsten Grade geeignet, das schlummernde Talent zu wecken, und das geweckte zu fördern, sowie auch über das Vorhandensein des Talentes überhaupt und den Grad desselben rechtzeitige Aufschlüsse zu geben.

Inhaltsverzeichniss.

Elementar-Melodik.

I.
Melodische Uebungen auf Grund musikalischer Elementarkenntnisse.

		Seite
	Einleitung	1
§ 1.	Darstellung der Taktart in Notengattungen. *Erste Aufgabe* . . .	2
§ 2.	Desgl. in gegebenen Tönen. Viertaktige Melodien. *Zweite Aufgabe*	3
§ 3.	Zusammenspiel beider Hände. *Dritte Aufgabe*	5
§ 4.	Selbständigere Schlussbildung. *Vierte Aufgabe*	5
§ 5.	Transposition. *Fünfte Aufgabe*	6
§ 6.	Der Dreivierteltakt. *Sechste Aufgabe*	8
§ 7.	Der punktirte Rhythmus. *Siebente Aufgabe*	10
§ 8.	Achttaktige Melodien. Figuration. *Achte Aufgabe*	13
§ 9.	Der Viervierteltakt. *Neunte Aufgabe*	14
§ 10.	Der Sechsachteltakt. *Zehnte Aufgabe*	18
§ 11.	Freiere Bildung. *Elfte Aufgabe*	20
§ 12.	Zusammensetzungen. *Zwölfte Aufgabe*	22
§ 13.	Moll. Anmerkung: Zweistimmigkeit. Anmerkung: Talent und Vorstellungsvermögen	24
§ 14.	(Zusatz.) Theoretische Entwickelung der Taktarten	26

II.
Melodische Uebungen in Intervallen.

		Seite
§ 15.	Melodien in gegebenen Intervallen. Gehörübungen. Anmerkung: Rousseau's Zifferschrift	28
	Dreizehnte Aufgabe	31
	Vierzehnte Aufgabe	33
	Fünfzehnte Aufgabe	33
	Sechszehnte Aufgabe	34
	Siebzehnte Aufgabe	36
	Achtzehnte Aufgabe	36
	Neunzehnte Aufgabe	36
§ 16.	Ausziehen von Intervallen aus gegebenen Accorden. Figuration.	
	Zwanzigste Aufgabe	37

III.
Harmonisch-Melodische Uebungen
auf Grund der elementaren Accordenlehre.

		Seite
§ 17.	Einleitung	40
§ 18.	Einundzwanzigste Aufgabe	41
	Zweiundzwanzigste Aufgabe	42
	Dreiundzwanzigste Aufgabe	43
§ 19.	Figurationsübungen. *Vierundzwanzigste Aufgabe*	43
§ 20.	Variation. *Fünfundzwanzigste Aufgabe*	45
§ 21.	Cadenz. *Sechsundzwanzigste Aufgabe*. Anmerk Methodisches	48

IV.
Harmonisch-Melodische Uebungen
mit den Hauptdreiklängen und dem Dominantaccord.

§ 22.	An Harmonie und Rhythmus gebunden. *Siebenundzwanzigste Aufgabe*	60
§ 23.	An Rhythmus und Cadenz gebunden. *Achtundzwanzigste Aufgabe*	61
§ 24.	Nur an den Rhythmus gebunden. *Neunundzwanzigste Aufgabe*	62
§ 25.	Frei. *Dreissigste Aufgabe*	63

V.
Harmonisch-Melodische Uebungen. Fortsetzung.
A. Innerhalb einer Tonart.

§ 26.	Harmonisch und rhythmisch gebunden. *Einunddreissigste Aufgabe*	65
§ 27.	An Rhythmus und Cadenz gebunden. *Zweiunddreissigste Aufgabe*	66
§ 28.	Frei. — Mit Text. *Dreiunddreissigste Aufgabe*	67

B. Mit harmoniefreien Tönen.

§ 29.	Anwendung harmoniefreier Töne. *Vierunddreissigste Aufgabe*	68

C. Mit Modulation.

§ 30.	Anwendung der Modulation. *Fünfunddreissigste Aufgabe*. Anmerkung	70

VI.
Uebungen der melodischen Construction nach der Harmonielehre.

§ 31.	Schlussaufgaben. *Sechsunddreissigste Aufgabe*	72
	Index	77

Elementar-Melodik.

I.
Uebungen auf Grund musikalischer Elementarkenntnisse.

Einleitung.

Die Uebungen dieses ersten Abschnittes sind nach der Lehre von den Tonleitern und Taktarten, — aber vor der Intervallehre anzustellen. Die Intervallehre setzt immer schon ein einigermassen gewecktes Vorstellungsvermögen voraus.

Aehnliche Uebungen liessen sich schon an die ersten Elemente der Notenkenntniss knüpfen, erweisen sich da aber nicht als praktisch, weil sie den eigentlichen Unterrichtsgegenstand beeinträchtigen, und leicht in Spielerei ausarten.

Es sei bemerkt, dass die gelegentlich angewendete musikalische Terminologie hier durchaus nicht als wesentlich betrachtet werden darf. Dies geschieht erst in der eigentlichen Compositionslehre, wo eine schon weiter entwickelte musikalische Intelligenz vorausgesetzt wird. Hier dagegen soll dem, seiner Natur nach, aller Abstraction feindlichen jugendlichen Geiste möglichst entgegengekommen, und jedes Einzwängen in Begriffe vermieden werden. Das Ziel des Unterrichts ist hier nur die That des Schülers, welcher durch gewisse, im Verlauf immer weniger fühlbare Hülfen sanft geleitet wird.

Wer eine solche Methode nicht billigt, oder nicht anzuwenden im Stande ist, dem bietet die folgende Abhandlung keine Anknüpfungspunkte.

Vom Gesichtspunkte rein anschaulicher Darstellung aus ist es auch unzulässig, dem Lehrer eine bestimmte Vortragsweise anzurathen oder gar vorzuschreiben. Vielmehr muss jeder Lehrer, hier vorzugsweise, mit dem gegebenen Stoff nach seiner eignen und seiner Schüler Individualität mit vollkommener Freiheit und Leichtigkeit schalten. Es handelt sich hier ohnehin nur um sehr einfache und leichtfassliche Gegenstände.

§ 1.
Darstellung der Taktart in Notengattungen.

Angeknüpft wird hier an den Vortrag der Taktarten im Elementarunterricht.

Erste Aufgabe.

Bilde den ²/₄-Takt in verschiedenen Notengattungen, ohne kleinere als Achtel anzuwenden. Also keine Sechzehntel!

Anmerkungen. 1) Syncope, weil die Zweitheilung des Taktes die mittlere Note durchschneidet:

2) Syncope, weil das erste Achtel der zweiten Note noch zum ersten Takttheil gehört:

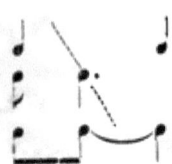

3) Gelegentliche Anwendung von Pausen, nicht kleiner als Achtel. Pausen des besseren und schlechteren Takttheiles werden zusammengezogen:

$\frac{2}{4}$ gut schlecht 𝄽 𝄽 | zusammenziehen in: 𝄼

$\frac{2}{4}$ gut schl. 𝄾 𝄾 ♪| zusammenziehen in: 𝄽 ♪

$\frac{2}{4}$ gut schl. ♪ 𝄾 𝄾 | zusammenziehen in: ♪ 𝄽

Pausen der schlechteren und besseren Takttheile werden **nicht** zusammengezogen

falsch: $\frac{2}{4}$ schl. gut ♪ 𝄽 ♪ | richtig: schl. gut ♪ 𝄾 𝄾 ♪ |

Punktirte Pausen sind im $^2/_4$-Takt nicht gebräuchlich:

nicht gebräuchlich: 𝄽. ♪ |

falsch: ♪ 𝄽. |

Ueberhaupt werden gewöhnlich nur Achtel und kleinere Pausen punktirt. Eine Ausnahme macht die punktirte halbe Pause im $^{12}/_8$-Takt.

Die Anmerkungen sind leicht und nebensächlich zu behandeln, können auch hier übergangen werden.

§ 2.
Darstellung der Taktart durch Notengattungen in gegebenen Tönen.

Gegebene Töne:

Der Schüler bildet viertaktige Sätze, indem er die Töne den soeben gegebenen Harmonien entnimmt. Diese viertaktigen Sätze erweisen sich als kleine **Melodien**.

Anmerkung. In der **Melodie** erklingen die Töne **nacheinander**, in der **Harmonie** erklingen sie **gleichzeitig**.

Wo es thunlich ist, sind diese, wie alle folgenden Arbeiten sofort am Instrumente auszuführen. Gewöhnlich wird man sich auf schriftliche Arbeit beschränken müssen.

Zweite Aufgabe.

Bilde Sätzchen im $^2/_4$-Takt mit gegebenen Tönen:

1) in Viertelnoten:

a) in jedem Takt zwei gleiche Töne

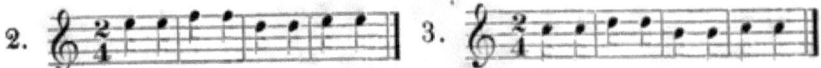

Vorkommende Unzukömmlichkeiten der Fortschreitung werden vom Lehrer **nicht** gerügt, z. B.

Dagegen ist auf correkte Notenschrift sorgfältig zu achten.

Der Lehrer hat schon hier Gelegenheit etwa vorhandenes Talent an der unbewusst gesetzmässigen Bildung zu erkennen und zu beobachten. — Den Schülern ist aufzugeben, ihre häuslichen Arbeiten am Instrumente zu prüfen, und die ihnen missfälligen zu verbessern. Ohne diese Prüfung bleibt die Mühe erfolglos. — Pausen bleiben vorläufig ausgeschlossen.

b) in jedem Takt zwei verschiedene Töne:

Auf richtige Taktvorzeichnung und Notenschrift ist zu achten. Die besten Beispiele sind vom Lehrer als solche zu bezeichnen.

c) in theils gleichen, theils verschiedenen Tönen:

Unzukömmlichkeiten der Fortschreitung sind auch hier und in allen folgenden Elementarübungen zu übersehen, gelegentlich zu verbessern.

2) in dem Rhythmus ♩ ♫

3) in dem Rhythmus ♫ ♩

4) in den beiden letzten Rhythmen: ♩ ♫ und ♫ ♩

5) in den drei bisherigen Rhythmen;

6) in vier Achteln;

7) in den bisherigen Rhythmen nach beliebiger Auswahl;

Doch sollen nicht in jedem Beispiel möglichst **viele verschiedene** Rhythmen vorkommen.

§ 3.
Zusammenspiel beider Hände.

Die gelungensten Beispiele sind jetzt auf zwei Systemen für **zweihändiges Klavierspiel** zu notiren.

Bei dieser Uebertragung erhält die linke Hand die gegebenen Töne um eine Octave tiefer.

Dritte Aufgabe.

Zusammenstellung von Sätzchen für zwei Hände und Neubildung einiger solchen.

Bei der häuslichen Prüfung am Klavier empfindet der einigermassen befähigte Schüler bei manchen seiner Beispiele das Ungenügende des Schlusses oder den Mangel desselben. Dadurch wird er auf die folgenden Aufgaben hingewiesen und vorbereitet, welche einen Schluss oder eine Fortsetzung bilden.

§ 4.
Selbständigere Schlussbildung.

Dem empfundenen Mangel an selbständigerer Schlussbildung wird dadurch abgeholfen, dass man den letzten Takt durch eine einzige halbe Note, oder durch ein Viertel und eine Viertelpause ausfüllt.

Am vollkommensten ist dieser Schluss, wenn er auf der Tonica (dem Grundton der Tonart) geschieht, wie in No. 16, weniger vollkommen, wenn er auf der Terz geschieht, kaum jemals genügend, wenn er auf der Quinte geschieht.

Vierte Aufgabe.

1) Bilde selbständig schliessende viertaktige Sätzchen.

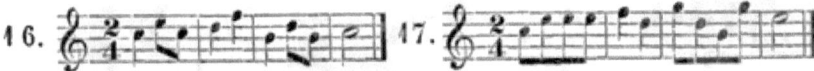

Nicht immer aber sind selbst diese Schlüsse im Stande, vollständig zu befriedigen, besonders wenn sie die Bewegung plötzlich abbrechen, was um so mehr in's Ohr fällt, je lebhafter diese vorher war. In diesem Falle kann man den Schluss auch auf dem zweiten Viertel machen, nicht aber auf dem vierten Achtel. Die grössere oder geringere Vollkommenheit des Schlusses ergibt sich auch hier wieder aus dem letzten Tone.

2) **Bilde Sätze, die auf dem zweiten Viertel schliessen.**

§ 5.
Transposition.

Hier ist nun die beste Gelegenheit, die so wichtige Geschicklichkeit des Transponirens vorzubilden. Diese ist nicht nur dem Fachmusiker unentbehrlich, sondern auch dem thätigen Musikfreund (Dilettanten) von allergrösstem Nutzen, nicht nur für besondere Gelegenheiten (Begleiten etc.), sondern auch für das Spielen vom Blatt, in der Harmonie- und Compositions-Lehre aber durchaus zu beanspruchen.

Fünfte Aufgabe.

1) Lies vorliegende melodische Sätzchen in anderen Tonarten.

Erfahrungsmässig leistet dies jeder Schüler, der die Tonleitern nur einigermassen kennt, ohne weitere Hülfe.

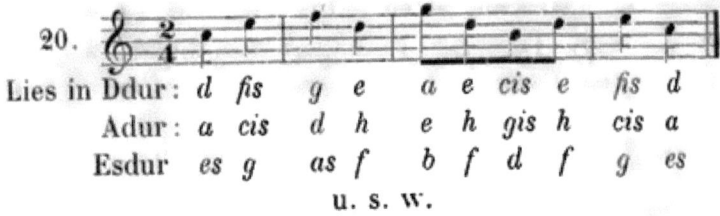

20.

Lies in Ddur: d *fis* g e a e *cis* e *fis* d
Adur: a *cis* d h e h *gis* h *cis* a
Esdur *es* g *as* f *b* f *d* f *g* *es*
u. s. w.

in allen Tonarten des Quintenzirkels.

Es muss hier indessen ein Verfahren der Controle angegeben werden, dessen sich der Geübtere unbewusst und mit unberechenbarer Schnelligkeit bedient, und auf welchem schliesslich die Geschicklichkeit des Transponirens beruht. Es ist dies nämlich die Beobachtung der Tonleiterstufen, welche als 1 2 3 4 5 6 7 über den Noten beziffert werden.

Obiges Beispiel wäre hiernach
    1 3 | 4 2 | 5 2 7 2 | 3 1 |
zu beziffern, und aus diesen Ziffern ergeben sich die Töne in den darunter verzeichneten Tonarten.

2) **Nenne die Töne der sieben Ziffern in verschiedenen Tonarten.**
    Z. B. 6 in Ddur = h
        7 in Bdur = a
        3 in Adur = cis
        u. a. m.

3) **Transponire die Harmonien der linken Hand in alle Tonarten:**
    a) mündlich:

in Fdur: f a c, g b c, e g c, f a c
in Edur: e *gis* h, *fis* a h, *dis fis* h, e *gis* h
u. s. w.

    b) schriftlich
in Esdur: 21a.
u. a.

4) Transponire ganze zweihändige Sätze:

nach Esdur transponirt:

5) Bilde einige Sätze in verschiedenen Tonarten.

Durch diese Aufgabe ist, abgesehen von ihrem eignen grossen Nutzen, der Langweiligkeit des immerwährenden C dur vorgebeugt.

§ 6.
Der Dreivierteltakt.

Im Dreivierteltakt nehmen die gegebenen Töne die Gestalt punktirter halber Noten an:

Demgemäss die linke Hand folgende:

Bilde Rhythmen im Dreivierteltakt.

Sechste Aufgabe.

Bilde Dreivierteltakte 1) mit dem Rhythmus:
♩ ♩ ♩
 a) in gleichen Tönen jedes Taktes:

9) in verschiedenen Tonarten.

§ 7.
Der punktirte Rhythmus.

Die linke Hand wird jetzt in beiden Taktarten (²/₄ und ³/₄) so figurirt, dass sie den Takt hörbar angibt.

Im Zweivierteltakt:

Im Dreivierteltakt:

Siebente Aufgabe.

Bilde zu der so veränderten Linken Sätzchen in beiden Taktarten.

Tonarten:

Jetzt ist es Zeit, den punktirten Rhythmus einzuführen, weil er an dem Taktschlag der Linken genügenden Halt findet.

Das punktirte Viertel ♩. bildet:

im Zweivierteltakt hauptsächlich den Rhythmus ♩. ♪ |

im Dreivierteltakt den Rhythmus ♩. ♪ ♩ |

3) Bilde Sätzchen mit diesen Rhythmen
   a) ausschliesslich:

   b) mit anderen gemischt:

Seltener ist im ³/₄-Takt der Rhythmus ♩ ♩. ♪ |

4) Bilde einige Sätzchen mit diesem.

Nur ausnahmsweise kommt im ²/₄-Takt der synkopirte Rhythmus ♪ ♩. | vor. Das Ungewöhnliche, Absonderliche desselben ist dem jugendlichen Schüler durch Vortrag klar zu machen. Auch möge er

einige Sätzchen mit diesem bilden,
weil oft gerade das Unregelmässige den Sinn für die Gesetzmässigkeit weckt und stärkt.

Das punktirte Achtel mit folgendem Sechszehntel ♩♪ ist hier ebenfalls einzuführen. Dasselbe füllt immer einen Takttheil aus, kann sich aber auf jedem Takttheil befinden.

5) **Bilde mit diesem Rhythmus ausschliesslich Sätze.**

6) **Mische diesen Rhythmus mit anderen.**

Im $^2/_4$-Takt möchte hier auch der Rhythmus ♪ ♩ ♪ zu empfehlen sein, aus demselben Grunde, welcher oben für den Rhythmus ♪ ♩. angeführt wurde.

§ 8.
Achttaktige Melodien. Figuration.

Die vier Takte der bisherigen Melodien wiederholen sich, und bilden so achttaktige Melodien:

Linke Hand

48.

Der letzte Takt in diesen ausgedehnteren Arbeiten muss immer schlussfähig sein. Desshalb muss der letzte Takt der ersten Hälfte (wenn er nicht schlussfähig ist) in der Wiederholung, als letzter Takt des Ganzen, verändert, d. h. schlussfähig gemacht werden. Der achte Takt ist also nur dann dem vierten gleich, wenn dieser schlussfähig ist, andernfalls wird er zu Gunsten des Schlusses neu gebildet.

Hierauf ist auch bei der Figuration der Linken Rücksicht zu nehmen:

Andere Schlusstakte wären etwa (nach Anspruch der Melodie zu wählen):

Die zweite Hälfte der achttaktigen Melodie ist also gleich der ersten, nur der letzte Takt anders als der vierte, wenn dieser nicht hinreichend schlussfähig erscheint.

Achte Aufgabe.

Bilde achttaktige Melodien.

Der Auftakt

kann jetzt ebenfalls zur Anwendung gelangen. Die linke Hand pausirt denselben.

53.

Der letzte Takt ergänzt sich bekanntlich mit dem Auftakt zu einem vollständigen Takt. Beispiel a) muss demnach mit einem Viertel schliessen, Beispiel b) mit zwei Vierteln.

Also ad a)   ad b)

54.

(Es sei hier vorbereitend darauf hingewiesen, dass die musikalische Anschauung die Takte eben nicht vom ersten Taktstrich, sondern vom ersten Ton zählt. Die acht Takte ad a) zählen also: 2 | 1, 2 | 1, 2 | 1, 2 | 1, 2 | 1, 2 | 1, 2 | 1, 2 | 1, ad b): 3 | 1 2, 3 | 1 2, 3 | 1 2, 3 | 1 2, 3 | 1 2, 3 | 1 2, 3 | 1 2, 3 | 1 2.

Daher die gegenseitige Ergänzung zwischen dem Auftakt und dem letzten Takt.

§ 9.
Der Vierviertaltakt.

Der Vierviertaltakt wird als zusammengesetzt aus zwei Zweivierteltakten betrachtet. Diese Eintheilung muss in der Notenschrift sorgfältig beachtet werden. Nur die syncopirten Rhythmen verdunkeln dieselbe.

Syncopirte Rhythmen werden immer so geschrieben, dass

durch Halbiren des Taktes auch die Syncope halbirt wird. (Oder: eine Linie, welche den Takt halbirt, halbirt auch die mittlere Syncope.)

Von den syncopirten Rhythmen sind die häufigsten

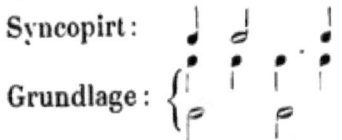

(vgl. Beethoven: Lenoren-Ouvertüre,) und

(vgl. Mozart: Dmoll-Concert.)

Anmerkung. ♪ ♩ ♩. ♩, ein complicirter, aber nicht unmöglicher syncopirter Rhythmus ist, nach oben gegebener Regel, hier als falsch geschrieben zu betrachten. Denn die Hälfte des Taktes wäre nicht Hälfte der Note.

Diesen Rhythmus hat man also so zu schreiben:

Neunte Aufgabe.

1) Bilde C-Takte in Notengattungen, ohne über Achtel hinauszugehen:

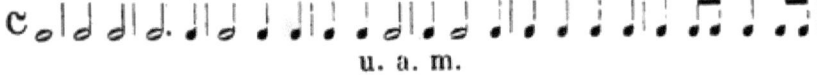

u. a. m.

2) Bilde Melodien im C-Takt.

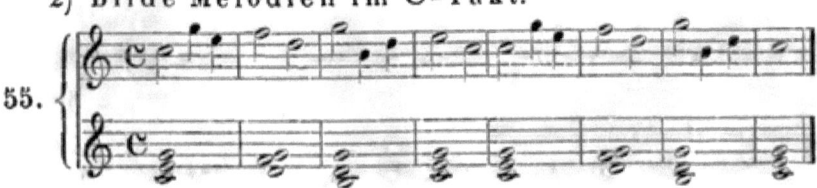

55.

56.

Der Schüler erspart sich das wiederholte Abschreiben des Basses, indem er diesen ein für allemal auf die unterste Zeile setzt, und die verschiedenen Melodien darüber.

Hier ist es erforderlich, um Ermüdung zu verhüten, das **Tonmaterial zu bereichern**. Zu diesem Zweck wird die linke Hand eine Octave tiefer in den Bassschlüssel versetzt, und werden der Melodie alle Töne oberhalb, die im Accord enthalten sind, zu Gebote gestellt. Im zweiten Takt wird sogar das, dem Accorde fehlende *h* (Septime der Tonart), im dritten das dem Accorde fehlende *f* (Quarte der Tonart) gestattet.

57.

Die Punkte oben bedeuten, dass das Material allenfalls nach oben hin **noch** weiter ausgedehnt werden darf.

3) **Bilde hiernach Melodien in Cdur:**

58.

4) **Transponire dieselben:**

59.

5) Bilde dergl. in anderen Tonarten selbständig:

60.

§ 10.
Der Sechsachteltakt.

Der Sechsachteltakt wird angesehen als zusammengesetzt aus zwei Dreiachteltakten. Die Notenschrift hat darauf Rücksicht zu nehmen.

(Der $^3/_8$-Takt unterscheidet sich vom $^3/_4$-Takt nur durch die Schreibweise in kleineren Notengattungen. Eben darauf beschränkt sich auch der Unterschied zwischen $^6/_8$- und $^6/_4$-Takt, von denen der erste sehr häufig, der zweite sehr selten ist.)

Anmerkung. In der modernen Notenschrift entscheidet die Leichtigkeit und Schnelligkeit des Schreibens über den Gebrauch der Notengattungen.

Zehnte Aufgabe.

1) Bilde $^6/_8$-Takte in Notengattungen.

Syncopirte Rhythmen sind im $^6/_8$-Takt so zu schreiben, dass die Eintheilung in 2×3 Achtel nicht verwischt wird.

Doch findet sich ausnahmsweise:

weil hier Taktmitte und Notenmitte zusammenfällt; doch ist für gewöhnlich   vorzuziehen.

2) Bilde Perioden im $^{6}/_{8}$-Takt.

61.

62.

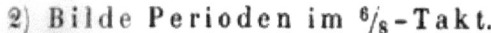

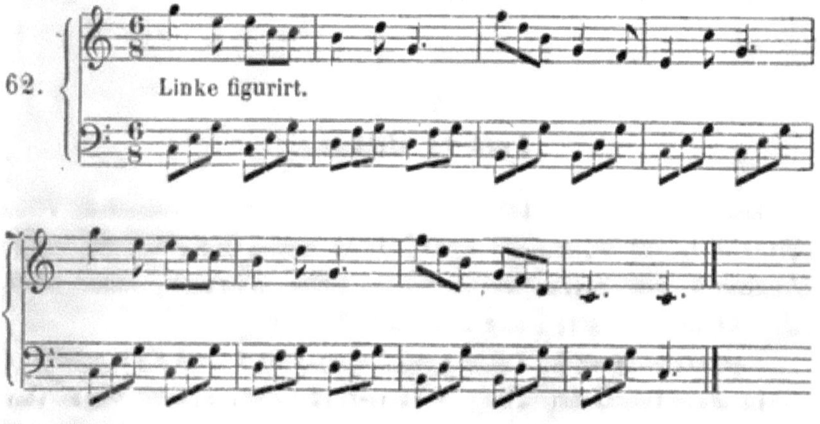

Hier kann es dem Lehrer schon freigestellt werden, der Abwechselung wegen, neues Tonmaterial einzuführen, doch sind harmoniefreie Töne nach wie vor auszuschliessen.

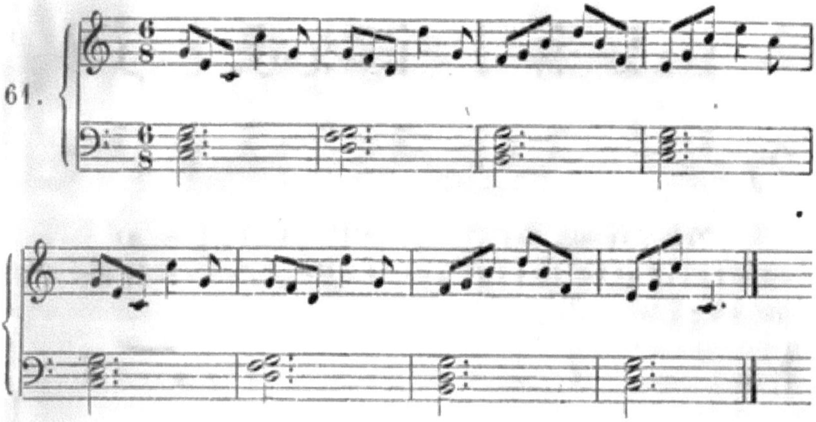

3) Bilde Perioden im $^{6}/_{8}$-Takt und anderen Taktarten mit dem folgenden Tonmaterial.

63.

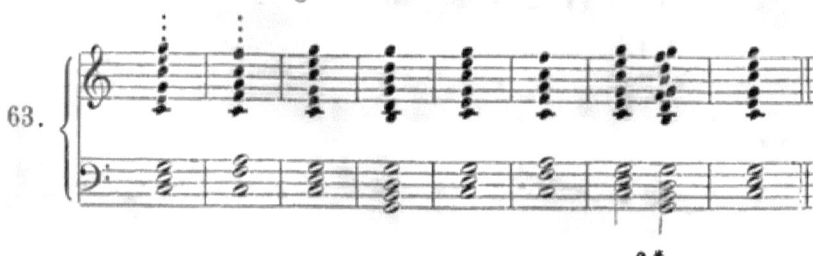

transponirt:

4) (Nebenübung der Notenschrift.) **Uebertrage Noten des Dreivierteltaktes in den Sechsachteltakt und umgekehrt:**

§ 11.
Freiere Bildung.

Die zweite Hälfte der Melodie kann auch auf anderem Tonmaterial beruhen, als die erste. Doch muss in diesem Falle die Rhythmik der correspondirenden Takte **gleich**, oder doch **fast gleich, wenigstens** ähnlich bleiben.

Correspondirende Takte sind: 1 und 5, 2 und 6, 3 und 7.

In dem folgenden Beispiel stehen die drei ersten Takte der **zweiten** Hälfte mit der Harmonie *d-fis-a-c* den drei ersten Takten der **ersten** Hälfte mit dem Gdur-Accord gegenüber. Das Tonmaterial ist also anders geworden, aber das Festhalten an der Rhythmik genügt zur Wahrung der Correspondenz beider Theile. In dem zweiten Beispiel ist der Unterschied des gegebenen Tonmaterials noch grösser.

64.

Elfte Aufgabe.

Bilde dergleichen Melodien.

Hier einiges Tonmaterial zur Auswahl:

65.

Taktart und Figuration beliebig. Ebenso selbstverständlich Tonart.

Diese Bässe brauchen nicht unverändert beibehalten zu werden, da sie nicht nur für die linke Hand, sondern für den ganzen Satz das Material anweisen.

§ 12.
Zusammensetzungen.

Aus achttaktigen Melodien (Perioden) kann man kleine Musikstücke zusammensetzen, wenn man auf die erste eine zweite in der **Oberdominanttonart** folgen lässt, und darauf die erste wiederholt.

Die zweite Periode wird gewöhnlich **zweiter Theil** benannt.

Fügt man nun ein **ebenso** aus drei Perioden gebildetes Musikstück hinzu, welches in der Tonart der **Unterdominante** steht, so bildet dieses das **Trio**.

Nach dem Trio wird das erste (aus drei Perioden zusammengesetzte) Stück **wiederholt**.

Zwölfte Aufgabe.

Bilde solche Zusammensetzungen aus früheren Arbeiten oder neu.

Erster Theil.	Zweiter Theil.	Erster Theil.	Trio.		
			Erster Theil.	Zweiter Theil.	Erster Theil.
Cdur.	Gdur.	Cdur.	Fdur.	Cdur.	Fdur.
Gdur.	Ddur.	Gdur.	Cdur.	Gdur.	Cdur.

u. s. w. durch den Quintenzirkel.

Die Tanzformen aus dem Musikunterricht auszuschliessen, wäre schon desshalb eine zwecklose Prüderie, weil ja doch der Tanz einen unerlässlichen Theil der gesellschaftlichen Bildung ausmacht. Es soll desshalb hier erlaubt sein, die Uebungen in der Zusammensetzung in Tanzrhythmen zu bilden, gleichsam kleine Tänze zu componiren.

Das Tonmaterial ist früheren Beispielen zu entlehnen, die rhythmischen Motive der bekanntesten Tänze folgen hier:

1) 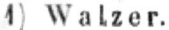 Walzer.

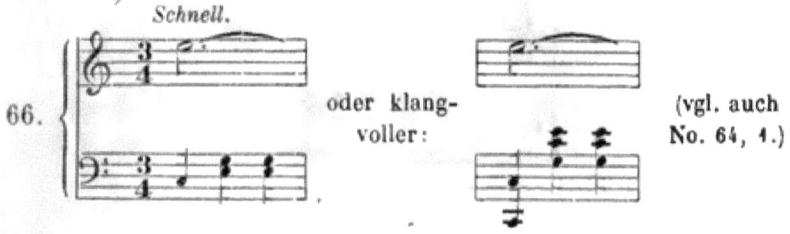

2) Polka Mazurka.

3) Polka.

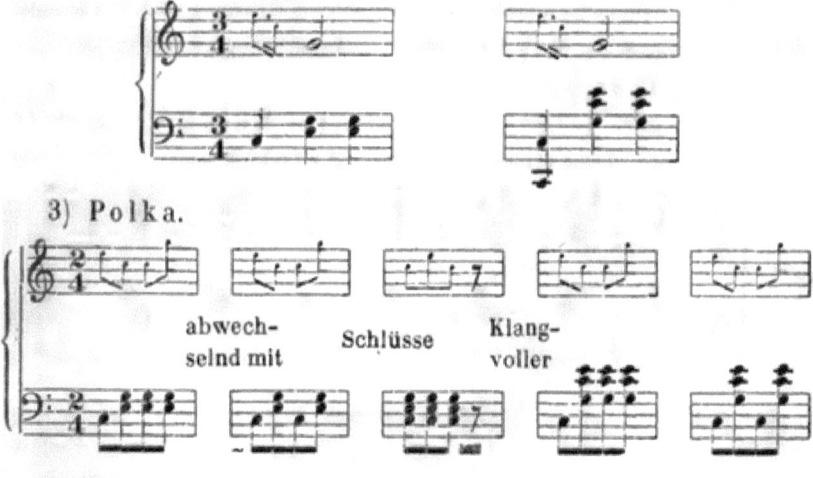

4) Galop. Ebenso, aber schneller.

5) Militärmarsch. Ebenso, aber $^2/_2$-Takt alla breve. (Vgl. No. 60.)

6) Polonaise.

§ 13.
Moll.

Als eine Nebenaufgabe sei hier die Bildung einiger achttaktiger Melodien in Moll gegeben. Dieselbe empfiehlt sich besonders zu Transpositionsübungen.

Bilde mit folgendem Material Melodien in Moll; ebenso zu Transpositionen derselben:

Beispiel.

Anmerkung. Hier ist darauf aufmerksam zu machen, — wenigstens befähigten und schnell fortschreitenden Schülern gegenüber — dass gelegentlich der melodische Satz auch zweistimmig genommen werden kann, wobei die Intervalle der Terz und Sexte zu bevorzugen sind. Natürlich muss der zweite Ton ebenso dem g e g e b e n e n Tonmaterial entnommen sein, wie der erste. Einige derartige Beispiele sind als N e b e n a u f g a b e zu versuchen.

67ª.

Wird der zweistimmige Satz ohne harmonische Begleitung gebildet, so wählt man aus den zu Grunde liegenden Harmonien immer die wohl- und voll-klingendsten Intervalle, vorzugsweise Terzen und Sexten. Hierauf beruht der populär zweistimmige Satz der Schul- und Kinderlieder.

Durch die **vorstehenden Uebungen**, so einfach und unscheinbar sie sind, hat der Schüler nicht nur sein musikalisches Vorstellungsvermögen geweckt und gebildet, sondern auch seine Kenntnisse der Taktarten und Tonarten befestigt, wie es auf keine andere Weise, bei g l e i c h g e r i n g e m Zeit- und Kraftaufwand möglich gewesen wäre.

Das eigentliche schöpferische, musikalische Talent bedarf solcher Hülfsmittel nicht, und kann auch aus diesen Uebungen keinen besondern Nutzen ziehen (es sei denn in Bezug auf correcte Notenschrift); aber bei den zahlreichen gewöhnlich Befähigten wird der Lehrer durch diese Uebungen besser, als durch irgend welche anderen, die verschiedenen Grade der Befähigung zu beobachten im Stande sein.

Man muss eben das allgemeine musikalische **Talent** nicht mit eigentlichem C o m p o s i t i o n s talent verwechseln.

Der Unterschied des allgemeinen musikalischen **Talentes**, welches oben bezeichnend Vorstellungsvermögen benannt wurde, von dem eigentlichen Compositionstalent ist nicht nur pädagogisch sondern auch aesthetisch von grosser Bedeutung.

Die Fähigkeit Tonverhältnisse vorzustellen, ohne sie wirklich zu hören, dergleichen richtig zu bestimmen, und ohne Hülfe eines Instrumentes in Noten zu übertragen, gehört zu dem allgemeinen musikalischen Talent, mit dessen Entwickelung wir hier zu thun haben. Ebenso die Fähigkeit Musik zu lesen, d. h. aus Noten eine richtige musikalische Anschauung zu gewinnen, gleichsam das Ohr durch das Auge zu ersetzen. Auch diese ergibt sich aus unseren Uebungen. Diese Fähigkeiten können, je nach Anlage und Bildung, von der richtigen Auffassung und Notirung einer einfachen Melodie sich bis zum Lesen und Herstellen einer complicirten Partitur erstrecken, ohne eigentliches Compositionstalent, oder höhere Geistesgaben überhaupt, einzuschliessen.

Doch sind diese Fähigkeiten als Vorbedingung für das Studium der Composition unerlässlich.

Die Herstellung aller Art musikalischer Sätze und Formen ist dem gewöhnlichen Talente, d. h. dem musikalischen Vorstellungsvermögen unbedingt zugänglich, und nur dem versagt, dem dieses Vermögen von Natur fehlt, oder bei dem es nicht durch Gelegenheit geweckt ist. Das Compositionstalent aber ist nicht die Gabe des Producirens überhaupt, sondern die Gabe, etwas zu produciren, was idealen Gehalt hat, und dadurch auf die Seele des Hörenden einwirkt. Die grosse Mehrzahl der Componisten freilich behilft sich mit jener Anstelligkeit des blossen Vorstellungsvermögens, welches im besseren Falle durch glückliche Nachbildungen bereichert wird.

Für die Aufgabe des Lehrers ist es nun von grosser Wichtigkeit, eigentliches Compositionstalent und allgemeine musikalische Anstelligkeit, sowie die Grade der letzteren zu unterscheiden, und dazu bieten die vorliegenden Uebungen die beste Gelegenheit.

§ 14.
Theoretische Entwickelung der Taktarten.

Hier folgt nun eine Uebung ganz entgegengesetzter Art, welche aber grade an dieser Stelle seitens der Schüler leichte und willige Aufnahme findet: nämlich die Entwickelung der Taktarten aus der Takteinheit. Eigentlich der abstracten Theorie angehörig, wird dieselbe hier dadurch zugänglicher gemacht, dass sie sofort in Uebertragung auf die wirklich gebräuchlichen Taktarten erscheint.

Die einfachen Taktarten:

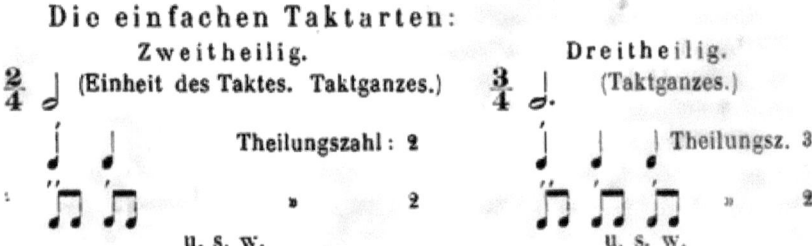

Die zusammengesetzten Taktarten:

Zweitheilig.

Dreitheilig.

Doppeltzusammengesetzte Taktart:

Zweitheilig.

Als häusliche Arbeit und während der Unterrichtsstunde zu bilden.

II.
Melodische Uebungen in Intervallen.

§ 15.

Die folgenden Uebungen sind nach der Lehre von den Intervallen zu geben, und verhalten sich zu dieser, wie die vorigen zur Lehre von den Tonarten und Taktarten.

Die Aufgabe besteht darin, achttaktige Melodien zu bilden, welche mit dem Grundton, der Terz oder Quinte der Tonart beginnen, und mit dem Grundton auf dem guten Takttheil schliessen, im übrigen aber nur an bestimmte vorgeschriebene Intervalle gebunden sind.

Statt der achttaktigen Melodien kann man auch, besonderen vorliegenden Verhältnissen Rechnung tragend, sich auf viertaktige beschränken.

In der **Elementarlehre** wurde darauf hingewiesen, dass der Gesang von Noten, in methodischer Ordnung, das sicherste Mittel ist, die Intervallenlehre dem jungen Schüler auch anschaulich fest einzuprägen. Wer aber weiss, wie schwer sich, ausserhalb eigentlicher Chorgesangsklassen dieser Weg betreten lässt, und wie viele Schüler eine fast unüberwindliche Scheu gegen derartige Gesangsübungen zeigen, der wird folgender Abschweifung in das Gebiet der Gehörübungen nicht ungern einige Beachtung schenken. Unter diesen gebührt der altbewährten Rungenhagen'schen Gehör- und Gedächtnissübung die erste Stelle. Schülern und Schülersschülern des würdigen Akademikers unvergesslich, ist dieselbe leider nur in besonders begünstigten Lehranstalten durchführbar.

Gehörübungen.

Bei Ausschluss des Gesanges und der erwähnten Rungenhagen'schen Nachbildungsübung lassen sich Gehörübungen nur durch Beurtheilung vorgespielter Tonverhältnisse anstellen.

Doch muss auch dabei der Lehrer mit grosser Rücksicht zu Werke gehen, und sich, besonders im Klassenunterricht wohl hüten, den unbeholfenen Schüler zu beschämen.

Bei der Lehre von den Tonleitern beginne man damit, ganze und halbe Töne unterscheiden zu lassen, indem man sie vorspielt.

Dur- und Molltonleitern lasse man an den ersten fünf Tönen unterscheiden, und gehe darauf zu den ganzen Tonleitern über, Moll harmonisch nehmend.

Dieselbe Uebung nehme man mit den vier letzten Tönen abwärts vor.

Harmonische und melodische Molltonleiter unter sich und von der Durtonleiter lehre man, ganz und bruchstückweise, zu unterscheiden.

Die ergiebigste Gelegenheit aber bietet hier die Intervallenlehre, sowohl in der Aufeinanderfolge, wie im Zusammenklang der Töne.

Folgende Reihenfolge etwa möchte sich empfehlen:

Reine Octaven und reine Quinten unterscheiden. Dieselben werden einzeln wiederholt vorgespielt, vielleicht mit einigen Bemerkungen über ihren ästhetischen Charakter (den gänzlichen Gleichklang der Octave, die leere Reinheit der Quinte) begleitet, um dem schwächeren Anschauungsvermögen nachzuhelfen. Alsdann werden Fragen gestellt.

Beim Unterschied zwischen reiner Quarte und Quinte kann man sich auf die Anfänge allbekannter Melodien berufen, auch auf militärische Signale, wo man auf Bekanntschaft mit denselben rechnen darf.

Mit der reinen Quinte beginnt z. B. der bekannte Choral:

68. Wie schön leucht't uns der Mor-gen-stern

Mit der reinen Quinte abwärts das deutsche Nationallied:

69.  (Wacht am Rhein.)

Die reine Quarte findet sich in den meisten Melodien, welche mit dem Auftakt beginnen:

70.
O Haupt voll Blut und Wun-den.

71.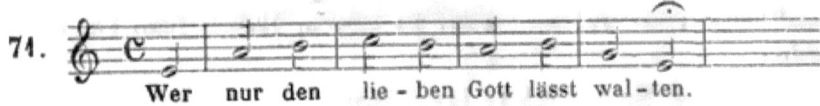
Wer nur den lie-ben Gott lässt wal-ten.

Beethoven.

72.
- Die Him-mel rüh-men' des E-wi-gen Eh-re.

Für die anderen Intervalle bieten sich nicht so leicht Anfänge hinreichend bekannter Melodien. Für die grosse Sexte möge noch der Anfang des Preussenliedes erwähnt werden:

Neithardt.

73.
Ich bin ein Preusse, kennt ihr mei-ne Far-ben,

dessen Fortsetzung sogleich für die kleine Septime dienen kann:

74.
die Fah-ne weht mir weiss und schwarz vor-an.

Sehr wichtig ist der Unterschied zwischen grosser und kleiner Terz, der schon bei der Dur- und Molltonleiter vorgeübt ist.

Anmerkung zu den Gehörübungen. Hier sei noch einer Methode gedacht, welche neuerdings in Frankreich bedeutende Resultate erzielt haben soll. Diese beruht auf der J. J. Rousseau'schen Zifferschrift*). Die Stufen der Tonleiter werden, wie in den obigen Transpositionen, von 1—7 beziffert. In diesen Ziffern schreibt die Classe zunächst einfach diatonische kurze Melodien von beschränktem Umfang nach dem musikalischen Dictat (Vorspielen, Vorsingen) des Lehrers. Allmälig werden

---

*) Versuche, den Musikunterricht durch Vereinfachung der Tonschrift zu erleichtern, waren in der geistig so hochbewegten Zeit Rousseau's häufig.

die Melodien ausgedehnt, wobei die verschiedenen Octaven in der Schrift unterschieden werden. Alsdann wird die Chromatik, mit besonderen Zeichen für Erhöhung und Erniedrigung, eingeführt. Der Uebertragung der Ziffern in Noten werden besondere Uebungen gewidmet. Die Vorzüge dieser Methode sind einleuchtend. Die Schwierigkeit ihrer Durchführung, unter den zur Zeit gegebenen Verhältnissen, wird dem praktischen Lehrer freilich ebenfalls in die Augen springen.

Die Uebungen der Intervallbestimmung werden (mit Ausnahme der zur Einführung dienenden reinen Intervalle, sowie der grossen und kleinen Terz) nach der Reihenfolge der nächsten Aufgabe vorgenommen.

Dreizehnte Aufgabe.
Dur.

Kann man aus reinen Primen Melodien bilden? Nein! Wohl aber rhythmische Constructionen.

1) Bilde aus diatonischen Secunden Melodien.

2) Aus diatonischen Primen und Secunden.

3) Aus vorigen und diatonischen Terzen.

4) Aus vorigen und reinen Quarten.

Hier ist es von Vortheil, Melodien aus beliebig gewählten Intervallen zu bilden, z. B. aus Quinten, Sexten, Secunden u. dergl.

Alle diese Arbeiten zur Intervallübung bieten auch geeignetesten Stoff zum Transponiren im **Lesen und Spielen**.

Vierzehnte Aufgabe.

Mit gelegentlichem Gebrauch der Vorzeichen der nächstverwandten Tonarten des Quintenzirkels. (Ein ♯ oder ein ♭ mehr, oder weniger, als in der gegebenen Tonart vorhanden.)

1) Ein ♯ mehr.

2) Ein ♭ mehr.

3) Ein ♯ mehr und ein ♯ weniger. (Gleichbedeutend ♯ und ♭ in Cdur.)

Fünfzehnte Aufgabe.

1) Uebermässige Prime chromatisch zwischen den Stufen der grossen Secunde.

2) **Die chromatische Secunde zwischen den Stufen der reinen Prime.**

3) **Die chromatische verminderte Quarte zwischen den Tönen der kleinen Terz.**

4) **Die chromatische verminderte Quinte zwischen den Tönen der reinen Quarte.**

Lässt sich unter Umständen noch weiter führen oder etwas kürzer halten. Zur Melodiebildung in höherem Sinn ist Studium der praktischen Harmonielehre erforderlich.

Moll.

a) Harmonisch.

Sechszehnte Aufgabe.

1) Grosse und kleine Secunden und reine Primen.

78.

9) **Nebst übermässiger Secunde.**

10) **Nebst verminderten Quinten.**

Siebzehnte Aufgabe.

In die nächstverwandten Molltonarten übergehend.

b) **Melodisch.**

Achtzehnte Aufgabe.

c) **Gemischt.**

Neunzehnte Aufgabe.

Die ausgedehnteren Freiheiten der fünfzehnten Aufgabe lassen sich selbstverständlich auch auf Moll anwenden.

§ 16.
Ausziehen von Intervallen aus gegebenen Accorden. Figuration.

Zwanzigste Aufgabe.

Gegeben: Accorde und deren Tonmaterial durch alle Octaven. Dieselben sind in bestimmten Intervallen zu figuriren, d. h. Zusammenklang in Tonfolge aufzulösen. Eine bestimmte Taktart soll dabei beobachtet werden, doch kann es immer dieselbe sein, da es sich hier nur um Auffassung und Bestimmung der Intervalle handelt.

1) Gegeben Dreiklang:

soll in a) Terzen, Quarten, Quinten, Sexten figurirt werden:

(Aus jeder derartigen Aufgabe ergeben sich zahlreiche, oft interessante, Figuren.)

b) Quinten, Sexten, Octaven.

c) **Terzen, Quarten, Primen.**

u. a. m.

2) Gegeben irgend ein Septimenaccord*).

z. B.

a) In Terzen und (überm.) Secunden.

*) Wohl zu merken: dem Schüler ist die harmonische Terminologie noch unbekannt.

b) In **Terzen**, (überm.) **Quarten** und (verm.) **Quinten**.

Auch kann man, um auch die selteneren Intervalle in den Kreis der Uebungen zu ziehen, **Mischaccorde** geben, aber nur solche, die auch ausser Zusammenhang verständlich und wohlklingend bleiben.

III.
Harmonisch-melodische Uebungen.

La mélodie naît de l'harmonie.
Rameau.
Die Melodie beruht auf der Harmonie.

§ 17.
Einleitung.

Die folgenden Uebungen sind **nach** der Accordlehre und der Lehre von den harmoniefreien Tönen, also zwischen Elementar- und Harmonielehre, einzuschalten.

Die gegebenen Accorde enthalten zugleich wieder, wie im ersten Abschnitt, das Tonmaterial der Melodiebildung; andere Töne, als die in den Accorden enthaltenen, dürfen nur vorkommen, wenn sie einer bestimmten Art von harmoniefreien Tönen angehören und **wohlklingen**.

Ohne vereinzelte glückliche Anwendungen anderer Art auszuschliessen, beschränke man sich doch im Allgemeinen auf folgende harmoniefreien Töne:

Vorhalte und **Durchgänge**, wenn sie zwischen zwei harmonischen Tönen stufenweise fortschreiten.

Frei eintretende Vorhalte, wenn sie sich stufenweise abwärts in einen harmonischen Ton auflösen.

Aufwärts kann sich ein Vorhalt dann auflösen, wenn er **im halben Ton** fortschreitet. Mit anderen Worten: **Halbtonweise** kann sich der Vorhalt gelegentlich einmal **aufwärts** (in einen harmonischen Ton) auflösen. Solche Vorhalte werden mit Vorliebe durch chromatische Erhöhung gewonnen.

Uebrigens hüte man sich wohl, diese Regeln etwa auswendig lernen zu lassen, sondern gönne man dem Vorstellungsvermögen des Schülers möglichst viel Freiheit, indem man nur die gröbsten Missfälligkeiten rügt.

Die Uebungen können in drei Arten ausgeführt werden: in Art des Tanzes, der Etüde und der Variation.

Die gegebenen Accorde der Linken werden einfach rhythmisch figurirt (Taktschlag). Modulation ist nicht ausgeschlossen.

Endlich schliessen sich cadenzartige Figurationsübungen an, den letzten Intervallübungen verwandt, aber freier und leichter.

§ 18.
Einundzwanzigste Aufgabe.

Gegeben ist der Bass, die Harmonie und das Metrum in Vor- und Nachschlag im Umfang von zwei Takten.

Dazu ist eine Melodie zu bilden.

81.

Gegeben.

Harmoniefreie Töne dürfen vorkommen, aber nur unter den oben gestellten Bedingungen.

82.

Nachdem man durch mannigfaltige Versuche im kleinsten Umfang einige Uebung erlangt hat, dehne man die Aufgabe auf das doppelte Mafs aus.

83.

Zweiundzwanzigste Aufgabe.

Dergleichen Sätzchen bilden.

Durch Wiederholung mit tonischem Schluss gewinnt man, wie früher, achttaktige Melodien.

84.

Die gegebenen Harmonien können im Nachsatz andere sein, als im Vordersatz. Dann tritt an die Stelle der Gleichheit in der Wiederholung die blosse Aehnlichkeit. Der Rhythmus und die allgemeine Richtung der Töne (auf- und abwärts, Grösse der Intervalle ungefähr) werden beibehalten, die Töne selbst nach Bedürfniss der Harmonie verändert.

85.

Dreiundzwanzigste Aufgabe.

Auf beide Arten, durch Gleichheit oder Aehnlichkeit der Theile, achttaktige Sätze bilden.

Solche Sätze, Perioden genannt, werden auf bekannte Weise durch zweiten Theil und Trio zu selbständigen Musikstücken zusammengesetzt. (Vgl. § 12.) In allen Theilen sei die Bildung der Harmonie verschieden. Begabte und fleissige Schüler können hier die Aufgabe 16-taktiger Periodenbildung bekommen, und ein grosses 2 × (3 × 16) Takte langes Musikstück bilden, dem allenfalls noch Vorspiel und Coda hinzuzufügen sind. Die Periode No. 85 bedarf zum Beispiel einer grösseren Ausdehnung in Folge ihres unvollkommenen Ganzschlusses und der Gleichartigkeit ihrer Theile, welche ihr mehr die Form eines doppelten Vordersatzes als einer Periode von Vorder- und Nachsatz gibt. Dies hier nebensächlich.

§ 19.
Figurationsübung.

Ueber Bässen, ähnlich den vorigen, aber ohne Figuration, werden Figurationsmotive Etüden-artig ununterbrochen durchgeführt.

Hier ist das kleine Arpeggio der rechten Hand gleichsam als technisches Uebungsmotiv zu betrachten.

Die gegebenen Bässe dürfen hier harmonisch reicher sein, auch moduliren. Doch gebe man nur solche, die sich leicht greifen lassen.

Bässe.

87. 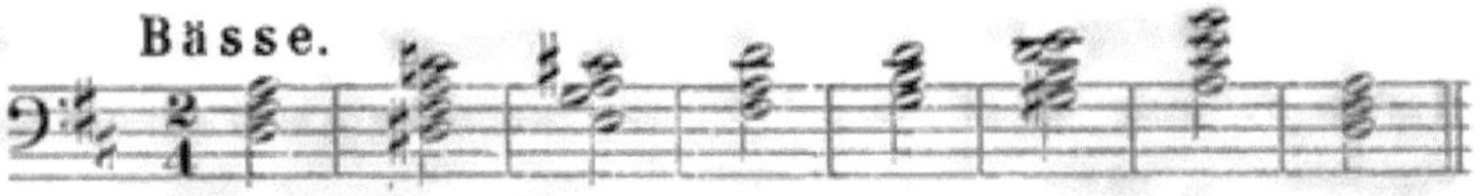

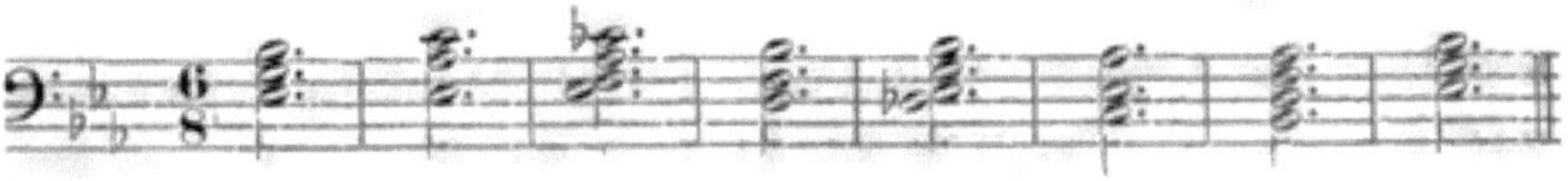

Fis-moll.

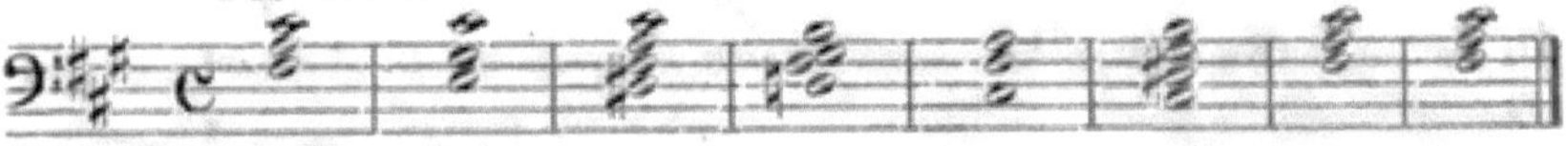

Geeignete einfache Motive.

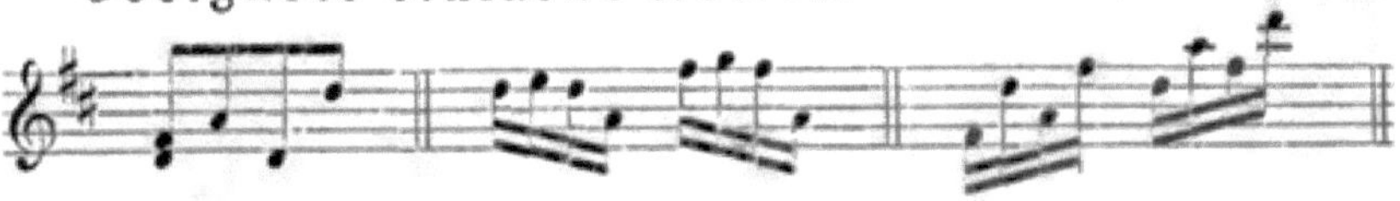

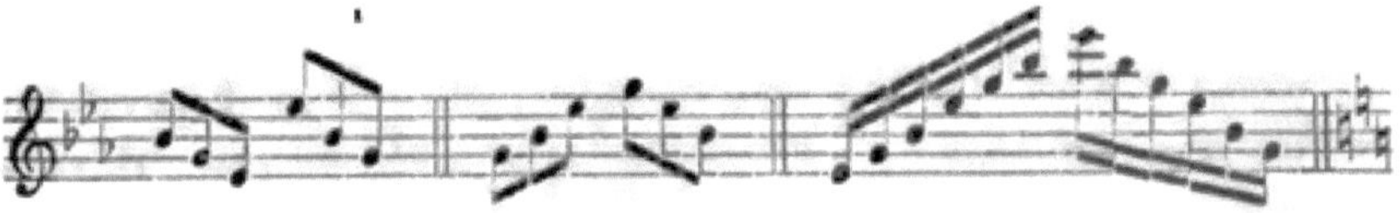

Vorhalt.

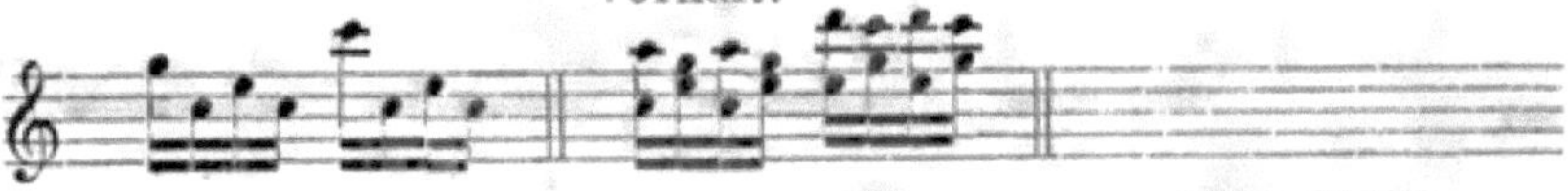

und viele andere, die man allenfalls Studienwerken (Fingerübungen) entnehmen kann.

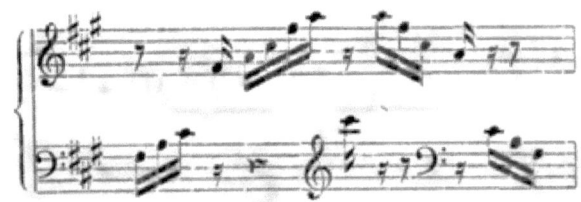

Das letzte zweihändige Motiv löst die Accorde ganz und gar in Figuration auf.

Vierundzwanzigste Aufgabe.

Figuration in achttaktigen Sätzen zu gegebenen Bässen.

§ 20.
Variation.

Fünfundzwanzigste Aufgabe.

Bilde, über einem gegebenen Bass, ein Thema und Variationen.

Das Thema (8, höchstens 16 Takte) soll nicht tanzmässig sein, sondern mehr liedartig und getragen.

Die Harmonie wird in allen Variationen festgehalten, kann aber harmonisch figurirt werden, und zwar in verschiedenen Graden.

Man kann ferner folgende Vorschriften geben:

Die dritte Variation sei in Moll, und werde als Minore (d. i. Moll) bezeichnet.

Die vierte, wieder in Dur, werde dagegen als Maggiore (d. i. Dur) bezeichnet.

Die fünfte Variation sei ein Adagio, die sechste bilde in lebhaftem Tempo den Schluss.

Hier folgt ein durchaus auf dem jetzigen Standpunkt des Schülers stehendes Beispiel. Dasselbe weicht insofern von den zuletzt gegebenen Vorschriften ab, als erst die vierte Variation in Moll ist, die fünfte aber Maggiore und langsames Tempo vereinigt.

Thema.

§ 21.
Cadenz.

Unter Cadenz verstehen wir an dieser Stelle eine lebhaft und mannigfaltig figurirte Harmonienfolge ohne feste Form, welche, um die Bravour des Spielenden zu zeigen, in Musikstücke eingelegt wird, oder sich im Zusammenhang aus inneren Gründen ergibt. Das folgende Beispiel von Beethoven, welches zu den, auf der höchsten Höhe der Kunst stehenden Anwendungen dieser Form gehört, ist technisch sehr einfach, da es die zu Grunde liegenden Accorde nur im zwar grossen, aber einstimmigen Arpeggio in fast gleichem Rhythmus durchführt. Dem Schüler bleibe es unbenommen, bei seinen figurirten Cadenzen verschiedene Rhythmen zu mischen, gelegentlich mehrstimmige Griffe anzubringen, überhaupt seiner Phantasie freien Spielraum zu gönnen. Der Umfang des Instrumentes darf gehörig ausgebeutet werden.

verm. Septimenaccord, 1. Umkehrung.

In den folgenden Uebungen sollen die gegebenen Accorde ganz und gar in Figuration aufgelöst werden. Grosses und kleines Arpeggio, diatonische und chromatische Tonleitern sind zu berücksichtigen.

Sechsundzwanzigste Aufgabe.

Cadenzen.

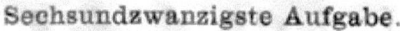

90.

Mozart.

Auch auf die entgegengesetzte, ebenfalls sehr nutzenbringende Uebung soll hier wenigstens hingewiesen werden: nämlich: das Ausziehen der Accorde aus lebhaft figurirten Sätzen, etwa Bach'schen Praeludien, Etüden, Concertstellen. Besonders förderlich ist diese Uebung, wenn sie ohne Vermittelung der Schrift sofort am Instrumente geschieht.

Der grösste Theil der Schüler geht, bei der Stellung, welche zur Zeit die Musik im öffentlichen Unterricht einnimmt, nicht über das Studium der Elementarlehre hinaus. Für diesen dienen die vorstehenden Uebungen zur praktischen Aneignung und endgültigen Befestigung des elementaren Lehrstoffes.

Die hier verfolgte Methode des Unterrichts steht im entschiedensten Gegensatz zu jener Lehrweise, welche von Begriffen und Definitionen ausgeht, diese durch Auswendiglernen einprägt, allenfalls an Beispielen erläutert. Für den jugendlichen Geist ganz unfruchtbar, und in seinen Folgen sogar nachweisbar schädlich, ist dieses Verfahren, — wo es nicht durch praktische Schwierigkeiten gebieterisch gefordert wird, — von der pädagogischen Wissenschaft längst verworfen.

Der strenge Gang der Compositionslehre, welche Vorstellungsvermögen und sogar Talent voraussetzt, auch im Allgemeinen auf geistig schon entwickeltere Zöglinge rechnen kann, bedarf der Begriffe — (ähnlich der Schulgrammatik) — zur Uebermittelung und Ordnung der Anschauungen.

Zweck und Ziel der Darstellung sind die Begriffe und ihre Definitionen aber erst in der Musikwissenschaft, deren Studium einen hohen Grad von Herrschaft über das anschauliche Material unbedingt voraussetzt, so gut wie die Sprachwissenschaft Sprachkenntnisse voraussetzt.

Das Verkennen und Vermengen dieser drei Standpunkte führt unausbleiblich zu methodischen Monstrositäten. Glücklicherweise wehrt sich der jugendliche Geist durch entschiedenste Ablehnung gegen alles ihm fremdartige und aufgedrungene*).

Anmerkung. **Der grösste** Theil der Compositionen, **die** man als **niedere Salonmusik** zu bezeichnen pflegt, **steht auf dem** Standpunkt der

---

*) Die vollkommenste Methode bleibt immer die, welche von der Anschauung ausgehend den jugendlichen Geist allmählig zur selbständigen Begriffsbildung heranreifen lässt. Diese Methode hat Verf. in der Elementarlehre durchzuführen versucht. Hier aber, wo es sich nur um das Vorstellungsvermögen handelt, darf auf Begriffsbildung überhaupt nicht hingezielt werden. Denn wenn auch in jeder Disciplin der Begriff das Höchste ist, so ist er doch auch überall das Letzte.

Elementarmelodik, nur dass die harmonische Grundlage dort nicht ausdrücklich gegeben wird, sondern sich von einem Werk zum andern, von einem Autor zum andern, durch unbewusste Entlehnung fortpflanzt. Es sind dies also gleichsam Compositionen vor der Compositionslehre. Desshalb sollen diese Werke hier nicht getadelt werden. Was aber ihre Benutzung beim Klavierunterricht, — die zur Zeit der Lehrer kaum ganz umgehen kann, — in hohem Grade bedenklich macht, ist die banale Rhythmik der Compositionen dieser Art. Dadurch nämlich, dass die eine Hand fortwährend die Taktart angibt, entwöhnt sich der Klavierschüler so sehr der selbständigen Bildung derselben, dass er dem rhythmischen Reichthum besserer Autoren gegenüber völlig hülflos ist. Bei einstimmigen Instrumenten kann der Trägheit des Schülers nicht in gleichem Grade durch die Composition Vorschub geleistet werden, und liegt desshalb die gleiche Gefahr weniger nahe. Doch sollte man mit jedem praktischen Musikunterricht Uebungen in selbständiger Bildung von Rhythmen verbinden, welche **den** hier, Aufgabe I, II, VI, IX 4, gegebenen entsprechen, im praktischen Unterricht aber sofort am Instrument, ohne Gebrauch von Noten, zu machen sind.

Z. B. Spiele im Vierviertcltakt eine Halbe und zwei Viertel durch alle Tonleiterstufen auf- und abwärts. (Am Klavier harmonisch: Handgelenk.) Man schreitet dabei allmälig zu schwereren Aufgaben fort, vermeidet aber alles Complicirte und Naturwidrige, so dass sich der Schüler durch diese Uebung im sicheren Besitz der vorherrschenden Rhythmen befindet.

IV.

Harmonisch-melodische Uebungen.
Fortsetzung.

Die noch folgenden Uebungen schliessen sich den **Hauptabschnitten der Harmonielehre** an, deren strengen Lehrgang sie, zu Gunsten der weniger befähigten Mehrheit der Schüler, anregend unterbrechen.

Der vorliegende IV. Abschnitt setzt **die** Bekanntschaft mit den Hauptdreiklängen und dem Dominantseptimenaccord voraus. Die Uebungen sind anzustellen.

1) mit gegebenem Bass, gegebenen Accorden (durch Generalbassschrift) und gegebenem Rhythmus. Mittelstimmen sind, während der Ausarbeitung der Melodie, nicht zu berücksichtigen. Die Melodie bewegt sich in gleichem Rhythmus, wie der **gegebene Bass. Zu jedem** Bass werden zwei Melodien gebildet. **Die Beispiele umfassen** acht Takte in Satzform. Allmälich gewährt man nun dem Schüler grössere **Freiheit**, indem man ihn an weniger Vorschriften bindet.

2) Zunächst überlässt man die **Bestimmung der Accorde** (Bezifferung) dem Schüler selbst.

3) Alsdann gibt man nur einen Halbschluss (auch unvollkommenen **Ganzschluss**) in der Mitte, und den Endschluss.

4) Endlich überlässt man dem Schüler, mit dem vorhandenen Material selbständig zu arbeiten, ihn nur an die Vorschriften der Harmonielehre bindend.

§ 22.
An Harmonie und Rhythmus gebunden.

Gegeben bezifferter Bass in bestimmtem Rhythmus. Dazu soll eine Melodie gebildet werden nach Art eines Vocal-Chorsatzes: Als Vorbilder dienen die Muster der Harmonielehre.

Siebenundzwanzigste Aufgabe.

§ 23.
An Rhythmus und Cadenz gebunden.

Achtundzwanzigste Aufgabe.

Nur Halb- und Ganzschluss in Form eines bezifferten Basses und der Rhythmus im Schema gegeben.

92.

Erste Ausführung:

Die Ausarbeitung geschieht in vollständigen Accorden.

Uebungsbeispiele.

Man lasse dergleichen Rhythmen vom Schüler auch selbständig bilden. Eine leichte, und für das rhythmische Vorstellungsvermögen lohnende Arbeit.

§ 24.
Nur an den Rhythmus gebunden.

Nur der Rhythmus im Schema gegeben. Der harmonische Satz wird dazu frei mit dem vorhandenen Material gebildet. Gewissenhafte Schüler können sich das Material der jedesmaligen Tonart erst zusammenstellen. Z. B.

A dur:

I	a	cis	e	—	cis	e	a	—	e	a	cis
IV	d	fis	a	—	fis	a	d	—	a	d	fis
V	e	gis	h	—	gis	h	e	—	h	e	gis

e gis h d — gis h d e — h d e gis -- d e gis h

a e cis — a cis e a — a cis e a — cis e a a cis

Neunundzwanzigste Aufgabe.

Bilde nach dem gegebenen rhythmischen Schema harmonische Sätze.

Beispiel:

(Wo ist dieser gegebene Rhythmus entlehnt?)

§ 25.
Frei.

Nur der Umfang der acht Takte und das harmonische Material gegeben.

Gewandten Schülern, besonders wenn sie die Uebungen

der vorhergehenden Abschnitte gemacht haben, wird es nicht schwer, aus dem gegebenen Material harmonische Sätze selbständig zu bilden. Talentvolle gehen gern über die Grenzen des Gegebenen hinaus, müssen also zurückgehalten, und auf spätere Arbeiten vertröstet werden. Die gewöhnlich veranlagten Schüler thuen meist zu wenig, besonders in rhythmischer Hinsicht. Diese sind also daran zu erinnern, verschiedene Notengattungen in Anwendung zu bringen. Bei sehr langsamen Köpfen beschränkt man sich auf viertaktige Sätze.

Dreissigste Aufgabe.

Bilde hiernach harmonische Sätze mit den drei Hauptdreiklängen, dem Dominantaccord und ihren Umkehrungen.

Die Arbeiten dieses Abschnittes, sowie der folgenden, eignen sich ebenfalls zu Transpositionsübungen. Sie werden dabei Accord für Accord vom tiefsten zum höchsten Ton in anderen Tonarten gelesen. Auch beim Transponiren vom Blatt am Instrument gewöhne man sich, vom tiefsten zum höchsten Ton zu lesen. Das umgekehrte Verfahren führt leicht dahin, die Melodie, als das Leichteste, allein zu transponiren, und die Accorde zu errathen.

V.
Harmonisch-melodische Uebungen.
Fortsetzung.

A. Innerhalb einer Tonart.

§ 26.
Harmonisch und rhythmisch gebunden.

Der Schüler ist im Besitz der Accorde der Tonart:
1) der drei Hauptdreiklänge
2) des Dominantseptimenaccordes
3) des Nonenaccordes
4) des kleinen und verminderten Septimenaccordes
5) des verminderten Dreiklanges
6) der Nebendreiklänge
7) des Nebenseptimenaccordes.

Einunddreissigste Aufgabe.

Bilde mit diesem Material zu gegebenen nicht bezifferten Bässen Melodien im Rhythmus des Basses.

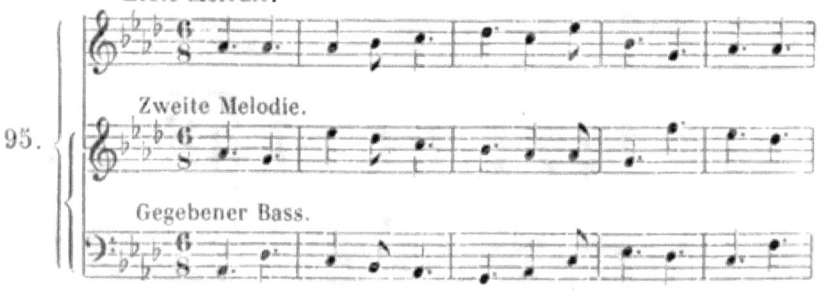

§ 27.
An Rhythmus und Cadenz gebunden.

Nur der Ganz- und Theilschluss werden gegeben, ebenso der Rhythmus im Schema.

Zweiunddreissigste Aufgabe.

Bilde hiernach harmonisch-melodische Sätze.

Andere Beispiele können den ähnlichen früheren Aufgaben entnommen werden. Die Rhythmen thut man gut Meisterwerken zu entlehnen, z. B. Gluck'schen lyrischen und Tanz-Sätzen.

§ 28.
Frei. — Mit Text.

Dreiunddreissigste Aufgabe.

1) Bilde aus diesem harmonischen Material selbständige Sätze im Umfang von acht Takten.

2) Bilde dergleichen zu einem gegebenen lyrischen gereimten Texte von vier Zeilen. Auf jede Zeile kommen zwei Takte.

Die Texte müssen religiös, naturbetrachtend oder patriotisch, nicht aber erotisch sein.

(NB. Hier können auch, falls längeres Verweilen erwünscht scheint, zusammengesetztere Formen versucht werden, indem man Sätze verschiedener Tonart aneinanderreiht.)

Gegeben: Wie herrlich leuchtet
Mir die Natur,
Wie glänzt die Sonne,
Wie lacht die Flur.
                        Goethe.

98.

(Hier könnte z. B. in Fisdur der zweite Vers angeschlossen werden, dann der dritte wieder dem ersten gleich, ein vierter in Edur oder gismoll könnte folgen, etc.)

Aehnliche Texte bei allen Lyrikern zahlreich.

B. Mit harmoniefreien Tönen.

§ 29.
Anwendung harmoniefreier Töne.

Während in der Oberstimme (Melodie) alle regelmässigen harmoniefreien Töne von vortheilhafter Wirkung sind, ist der Gebrauch derselben im Bass und Mittelstimmen, auf dem jetzigen Standpunkt des Schülers, zu beschränken. Am häufigsten und beliebtesten sind im Dreiklang die Quarte:

auch bei gleichzeitiger None der Oberstimme:

im Septimenaccord der Vorhalt der Tonica:

Undecimen- und Terzdecimenaccorde sind bekannt, — (vorgehaltene **Accorde**) — und besonders **bei Schlüssen** anwendbar.

Regelmässige Durchgänge sind jederzeit gut, doch verursacht ihr häufiger **Gebrauch** den aesthetischen Fehler der Zerfahrenheit.

Vierunddreissigste Aufgabe.

Bilde Sätze mit harmoniefreien Tönen.

glänzt die Son-ne, wie lacht die Flur!

C. Mit Modulation.

§ 30.
Anwendung der Modulation.

Fünfunddreissigste Aufgabe.

1) Bilde zu modulirenden Bässen Melodien in gleichem Rhythmus.

Die Melodie wird zuerst gebildet. Auf Mittelstimmen ist vorläufig keine Rücksicht zu nehmen.

2) Zu gegebener Modulation bei freier Rhythmik. Melodie zuerst.

Harmoniefreie Töne, ausser den bezifferten, dürfen vorkommen.

3) **Zu gegebenem lyrischen Text.** Auf jede Zeile zwei Takte.

103.

Bei befähigten und fleissigen Schülern sind hier grössere Constructionen (z. B. sechszehntaktige Sätze) zulässig.

Der Satz wird Note für Note in vollständigen Accorden gebildet, nicht die Melodie zuerst.

Anmerkung. Wie hier, in der musikalischen Vorschule, das Material immer reicher, und die Ausarbeitung immer selbständiger wird, so beobachten wir auch in der Entwickelung des einzelnen Künstlers eine fortschreitende Bereicherung des Materials und Zunahme der Herrschaft über dasselbe, jedoch nicht überall in gleicher Richtung. In höherm Sinne machen wir dieselbe Beobachtung in der Geschichte der Musik. Auch hier aber geht die Entwickelung von einer Richtung auf die andere über, und erzeugt so die verschiedenen Stilperioden.

VI.
Uebungen der melodischen Construction nach der Harmonielehre.

§ 31.
Schlussaufgaben.

Nach absolvirter Harmonielehre werden folgende Aufgaben gestellt, und von den Schülern mit Leichtigkeit gelöst:

1) eine vollständige zusammengesetzte Tanzform mit Trio, Coda, Vorspiel:
    a) nach gegebenem Bass und (durch Buchstaben) vorgeschriebenen Wiederholungen,
    b) mit selbständig gebildetem Bass und Wiederholungen nach eignem Geschmack.

2) Ein vierstimmiger Chorsatz nach dem Vorbild des **Ave verum** von **Mozart** oder einer verwandten Composition:
    a) mit gegebenem **Fundamentalbass**,
    b) mit gegebener Form in Taktzahl und Takteintheilung, und vorgeschriebenen harmonischen Theilschlüssen,
    c) selbständig.

Liegt Veranlassung vor, sich auf diesem Standpunkt länger aufzuhalten, so empfiehlt sich:

3) Eine Etüde
    a) mit gegebenem Generalbass, der auch einem Muster entnommen werden kann, (hierzu eignen sich viele Praeludien von **Bach**), doch in andere Tonart transponirt werden muss,
    b) **in freier Fassung.**

4) Thema mit Variationen.
5) Chorlieder.
6) Lieder für eine Stimme mit Klavierbegleitung.
7) Sonatine nach entlehnter Construction.

Nach Durcharbeitung der Elementar- und Harmonielehre bieten diese Aufgaben den Schülern keine Schwierigkeit, auch wenn sie die früheren Aufgaben nicht gelöst haben.

Material zu diesen Uebungen.

Ad 1 a). Jeder gute Tanz kann den erforderlichen Bass, der sich wesentlich in den einfachsten modulatorischen Beziehungen zu halten hat, hergeben, wenn der Lehrer nicht vorzieht, ihn selbst zu bilden. Die einfachste Construction verdient hier immer den Vorzug. Die Beurtheilung ergibt sich aus der Formenlehre, welche einen Theil der eigentlichen Compositionslehre ausmacht, und dem Lehrer natürlich bekannt ist.

Da dem Schüler die Regeln der Fortschreitung (insbesondere Quinten und Octaven betreffend) jetzt bekannt sind, muss auf das Verhältniss der Figuration zu denselben aufmerksam gemacht werden. Aus dem Elementarunterricht ist bekannt, dass Figuration in Melodie aufgelöste Harmonie ist. Daraus ergibt sich für den Figurationssatz: 1) eine allgemeingültige Beschränkung und 2) eine allgemeingültige Freiheit des Satzes.

1) Der tiefste Ton der figurirten Harmonie gilt als Bass des Accordes, und darf mit der Melodie weder in Quinten noch in Octaven fortschreiten.

Dergleichen Fehler waren in den vorhergehenden Abschnitten gelegentlich nicht zu vermeiden.

2) Quint- und Octav-Fortschreitungen zwischen der Melodie und den Mitteltönen, besonders innerhalb e i n e s figurirten Accordes, gelten nicht für falsche Fortschreitungen.

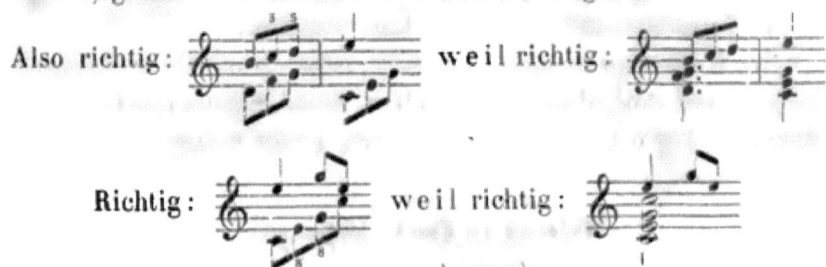

Solche Figurationen, welche eine Quintenfortschreitung der zu Grunde liegenden Accorden darstellen, werden gern, aber nicht nothwendig vermieden. Z. B.

Der mächtige Einfluss der Rhythmik auf die Harmonik bewirkt zuweilen eine Verschiebung dieser Verhältnisse und dadurch scheinbar noch grössere Freiheiten, die indessen auf dem Standpunkte der vorliegenden Uebungen nicht zur Sprache kommen.

Ad 2 *a*). Der **Fundamentalbass** enthält die Grundtöne der Grundaccorde. Von folgendem Satze z. B.

104.

Beethoven.
Ddur-Messe.

ist der Generalbass gleich dem Orchesterbass:

aber der Fundamentalbass, der **nur Grundtöne von Grundaccor**den und keine harmoniefreien Töne enthält lautet:

Man sieht, dass der Fundamentalbass in ästhetischer Hinsicht keine Stimme repräsentirt.

NB. Der übermässige Sextaccord wird gewöhnlich als **solcher, nicht** als Grundaccord, in den Fundamentalbass aufgenommen. Aehnlich verfuhr R a m e a u, dessen bahnbrechenden Untersuchungen wir auch den Fundamentalbass zu danken haben, mit dem Nebenseptimenaccord, dessen Grundton er (genetisch richtig) **auf die Unterdominante verlegte.**

Die gegebenen Fundamentalbässe **sollen moduliren**, aber nicht gesucht künstlich sein.

Entlehnen kann man dieselben (wenn der Lehrer sie nicht selbst zu bilden vorzieht) allen vierstimmigen, dem Umfange nach dem »*Ave verum*« gleichkommenden, **nicht contrapunktischen Vocalsätzen** von M o z a r t, H a y d n, M e n d e l s s o h n, W a g n e r u. A.

Ad 2 b). Der Text ist nie sehr bekannten weltlichen Compositionen zu entnehmen. Vortrefflich eignen sich dagegen die gereimten lateinischen Kirchenlieder des katholischen Gottesdienstes, **wie**:

Stabat mater dolorosa
Juxta crucem lacrymosa,
Dum pendebat filius.
Cujus animam gementem,
Contristantem et dolentem
Pertransivit gladius.

Mehrere Verse. — *Ave verum corpus* — *Dies irae* — *Tuba mirum* — *Recordare* — *Confutatis* — *Lacrymosa* — *Rex tre-*

mendae majestatis (die sechs letztgenannten aus dem Requiem) und viele andere.

Die evangelischen Kirchenlieder eignen sich **nicht**, weil sie ein für allemal **an eine bestimmte Melodie gebunden sind**.

Ad 7). Hierbei ist irgend eine bekannte Sonatine in Harmonik und Construction zu Grunde zu legen, und nachzubilden. Selbständige Behandlung dieser und anderer Formen, ist nur im strengen Lehrgang der Compositionslehre zulässig, und bildet den Gegenstand der Formenlehre.

Der **Formenlehre** aber muss das Studium des **Contrapunktes vorangehen**, weil nur dieses im Stande ist, dem Tonsatz die Freiheit, Sicherheit, Fülle und Mannigfaltigkeit zu verleihen, welche Vorbedingung der Herrschaft über die Instrumentalformen ist.

Index.

Abstraction Seite 1
Abwechselung 19.
Anschaulich 2.
Anschauungsvermögen 29, 57.
Arpeggio 53.
Auftakt 15, 30.
Auswendiglernen 41, 57.

Bach 53, 54, 56, 72.
Beethoven 16, 30, 48 ff, 55, 56.
Begriff 1, 57.

Cadenz 41, 48, 61.
Chorgesang 28.
Coda 43.
Construction 31, 71.
Complicirt 16.
Compositionslehre 1, 7, 57.
Compositionstalent 25, 57.
Contrapunkt 76.
Correspondenz, rhythmische 20.

Dictat, musikalisches 30.
Dilettant 7.
Dreiachteltakt 18.
Dreiklang 37.
Dreivierteltakt 9, 11.
Durchgang 40, 69.

Elementarlehre 28, 57. 73.

Fachmusiker 7.
Figuration 14, 21, 37, 41, 43, 73
Formenlehre 73, 76.
Fundamentalbass 72, 74.

Galop 23.
Ganzschluss 59 ff
Gedächtnissübung 28 ff.
Gehörübung 28 ff.
Generalbass 75.
Geschichte der Musik 71.
Gluck 67.
Goethe 68.

Halbschluss 59 ff.
Harmonie 3, 40, 71.
Harmonielehre 7, 59.
Hauptdreiklang 59.
Haydn 60, 75.

Ideal 25.
Intelligenz, musikalische 1.
Intervall 28.

Kinderlied 25.
Künstler 71.

Lehranstalt 28.
Lehrer 2, 29.
Lesen, musikalisches 26.
Liszt 56.

Maggiore 45.
Melodie 3, 40, 41.
Mendelssohn 75.
Methode 1.
Metrum 41.
Meisterwerke 23.
Minore 45.
Mischaccord 39.

Modulation 41.
Moll 24, 34.
Mozart 16, 54, 55, 72, 75.
Musikstück 43.

Nachsatz 42.
Neithardt 30.
Notenschrift 4, 18, 20.

Oberdominante 22.
Octave 29, falsche 73, 74.

Pause 3.
Polka 23.
Polka Mazurka 23.
Polonaise 24.
Produciren 25.
Punktirter Rhythmus 11, 13.

Quinte 29, falsche 73, 74.
Quintenzirkel 8.

Rameau 40, 75.
Rhythmische Uebung 58.
Rousseau 30
Rungenhagen 28, 29.

Schlussbildung 6, 14.
Schullied 25.
Schüler 57.
Sextaccord, übermässiger 78.
Sechsachteltakt 18.
Septimenaccord 38, 59.
Stilperiode 71.
Syncope 2, 12, 15.

Taktart 2, 25.
Takteinheit 25.
Taktganzes 25.
Takttheil 3.
Talent 57, 64.
Tanzform 22.
Terminologie 1.
Thema 45.
Tonmaterial 17, 19, 65, 73.
Transposition 7, 10, 15, 17, 24, 30.
Trio 22.

Unisono 68.
Unterdominante 22.

Variation 45.
Vierundvierteltakt 15.
Vordersatz 42.
Vorhalt 40, 68 f.
Vorschule 71.
Vorstellungsvermögen 25, 26, 62.

Wagner 75.
Walzer 23.
Wiederholen 14, 22.
Wissenschaft 57.

Zifferschrift 30.
Zusammenklang 37.
Zusammensetzungen 22.
Zweistimmig 25.
Zweiter Theil 22.
Zweivierteltakt 15.